“十四五”邮政业应用技术研发指南

国家邮政局政策法规司/编著

人民交通出版社股份有限公司
北京

内 容 提 要

本指南分为仓储、分拣、运输、末端服务、新型基础设施、运营管理系统、绿色环保、冷链生鲜、安全共9个部分，旨在研究提出涵盖邮政业基础通用与关键共性的科研技术体系，引导行业内外企业、高校和科研院所开展科技研究，推动产学研用紧密结合，促进邮政业在未来五年实现向“智能+”转型升级。

图书在版编目(CIP)数据

“十四五”邮政业应用技术研发指南／国家邮政局政策法规司编著. — 北京：人民交通出版社股份有限公司，2021.3

ISBN 978-7-114-17119-2

Ⅰ.①十… Ⅱ.①国… Ⅲ.①邮政业务—技术开发—指南 Ⅳ.①F618-62

中国版本图书馆 CIP 数据核字(2021)第 039481 号

书　　名：**“十四五”邮政业应用技术研发指南**
著 作 者：国家邮政局政策法规司
责任编辑：周佳楠
责任校对：孙国靖　卢　弦
责任印制：张　凯
出版发行：人民交通出版社股份有限公司
地　　址：(100011)北京市朝阳区安定门外外馆斜街3号
网　　址：http://www.ccpcl.com.cn
销售电话：(010)59757973
总 经 销：人民交通出版社股份有限公司发行部
经　　销：各地新华书店
印　　刷：北京鑫正大印刷有限公司
开　　本：720×960　1/16
印　　张：4.25
字　　数：31千
版　　次：2021年3月　第1版
印　　次：2021年3月　第1次印刷
书　　号：ISBN 978-7-114-17119-2
定　　价：50.00元

本书编委会

主　编

曾军山　靳　兵

副主编

朱晓磊　徐华荣

编写人员

张　东　李华民　胡　倩　焦彦敏　夏志向

前　言

当前，全球科技创新空前密集活跃，新一轮科技革命和产业变革正在重构全球创新版图、重塑全球经济结构，以大数据、云计算、人工智能、物联网、区块链、5G通信及量子信息为代表的新一代信息技术取得新的突破并加快应用。党中央国务院高度重视科技创新工作，习近平总书记对科技创新提出了一系列新思想、新论断和新要求，为邮政业科技创新提供了重要遵循。

邮政业是国家重要的社会公用事业，是助力生产发展、推动流通方式转型、促进消费升级的现代化先导性产业。当前，邮政业科技创新需求空前旺盛，科技创新热情空前高涨，科技人才和队伍不断壮大。在国家邮政局的大力引导下，相关企业充分发挥科技创新主体作用，共同推进行业科技进步，各方面均取得了新的成效。但邮政业科技创新与应用水平依然参差不齐，相对于经济社会发展和人民群众美好生活的需要，相对于高质量发展和高效能治理的要求，邮政业科技创新存在不少短板和不足，特别是科技创新系统化、一体化统筹不足，科技研发缺乏长远谋划。

为贯彻落实《中共中央关于制定国民经济和社会发展第十四个五年规划和二〇三五年远景目标的建议》和2019

年邮政业科技创新工作会议精神,加强科技研发统筹谋划,加快实施"智能+"科技发展计划,推动邮政业高质量发展和高效能治理,特编制本指南。本指南旨在研究提出涵盖邮政业基础通用与关键共性的科研技术体系,引导行业内外企业、高校和科研院所开展科技研究,推动产学研用紧密结合,促进邮政业在未来五年实现向"智能+"转型升级。本指南计划于2021年推广实施,并随着时间推移,每两到三年修订完善,每五年重新制定,以保持其对邮政业科技创新的持续引领能力。

本书编委会

2020年12月

目　录

1 仓　　储

1.1 仓储机器人

1.1.1 穿梭车立体存储货到人系统

①研究目标

利用立体货架实现货品高密度存储,穿梭车搭配提升机和滚筒线在系统调度下可快速完成料箱存取,实现自动化立体仓库的高速、有效出入库作业,解决仓库出入库效率低下问题。

②研究内容

研发穿梭车本体、控制系统和货架集成系统,穿梭车在控制系统下可高效移动到任意存储位进行货物的存取。

③关键技术

穿梭车本体技术,高速、高精度伺服控制技术,在线货物尺寸识别技术,动态储位调整技术,机器人控制技术。

④主要技术指标

穿梭车:支持5G全网通移动通信,最大行驶速度≥5m/s,穿梭车负载≥40kg,单巷道出入库效率≥900箱/h,定位精度≤±3mm。

提升机:托盘进给速度≥2m/s,额定负载≥70kg。

1.1.2 AGV 货到人拣选系统

①研究目标

研发仓储 AGV 货到人拣选系统,适用于拆零拣选作业越来越多的场景,实现货找人,在提升拣选效率的同时降低作业成本。

②研究内容

研发仓储 AGV 货到人拣选系统,包括储存系统、输送系统和拣选系统。储存和输送系统采用 AGV 实现货物的存取与输送,存储形式主要为托盘存储和料箱(或纸箱)存储。拣选系统采用固定拣选站模式,实现全自动供箱,可按订单拣选也可按集合单拣选,可切换盘点模式和合箱并箱模式。

③关键技术

5G 技术、网络切片技术、边缘计算技术、自动导航技术、运动控制技术、驱动底盘技术、顶升模组技术等。

④主要技术指标

AGV 设备:支持 5G 全网通移动通信,作业准确率达 99.99%,最大举升重量≥600kg,最大空载运行速度≥2m/s,最大满载运行速度≥1.6m/s,最大举升高度≥60mm,续航能力≥8h,AGV 服务器端端延时≤10ms,AGV 服务器端端丢包率和基站/AP(接入点)空口丢包率≤1%。

1.1.3　AGV 协同搬运系统

①研究目标

研发多个 AGV 协同搬运,适用于异形、大型邮件快件难以搬运的场景,实现仓储作业的快进快出。

②研究内容

研究具备集群作业和抗干扰能力的 AGV 协同搬运系统,采用集群技术在实时确认所有 AGV 位置的同时进行 AGV 间的交互和协作,实现集群作业。

③关键技术

集群行为建模技术、集群行为一致性控制技术、集群行为编队控制技术、基于仿生集群行为的时变编队控制技术。

④主要技术指标

支持 5G 全网通移动通信,集群个体数量≥30 个,实现编队种类≥10 种,通信链路传输最大延迟时间≤200ms,一致性控制和编队控制位置误差≤1mm。

1.1.4　智能叉车

①研究目标

研发基于混合导航方式的无人叉车,适用于仓内复杂情况的货物搬运和堆码,实现叉车的全自动智能运行。

②研究内容

采用惯性导航、激光 SLAM 导航、5G 视觉导航、激光导航等导航技术，使叉车能够实现障碍物的识别与定位、人体骨骼的识别与定位、人员接近报警（或跟踪拣选）、实时动态定位和地图构建，在接收调度指令后完成托盘搬运和存取等各项任务。

③关键技术

惯性导航、激光 SLAM 导航、5G 视觉导航等导航技术，智能感知技术，3D 视觉技术，边缘计算技术和声光报警技术。

④主要技术指标

车体类型为托盘搬运式，最大运行速度≥1.5m/s，导航精度≤±10mm，通信方式：WiFi、5G，运行时间≥6h，最小通道宽度≥2 500mm，充电时间≤3h，循环寿命≥1 500 次，工作温度－20～55℃，湿度 10%～95%，无结露。

1.2 托盘自动交换系统

①研究目标

研发托盘自动交换系统，实现仓储货物托盘自动交换，安全高效运行，节约人力成本。

②研究内容

研发智能举升设备，在保证货物稳定的情况下，将原有托盘取下后替换新托盘，最后将货物与新托盘重新放置在原位，实现托盘的自动更换。

③关键技术

托盘自动交换技术、提升技术。

④主要技术指标

托盘交换效率≥30 次/h。

1.3　环境监测与预警设备

①研究目标

研发主要监测仓储环境参数与出入库设备的监测预警平台，通过研究仓储火灾、温湿度异常变化、气体浓度异常变化、设备故障等风险，构建三维环境感知与传输网络，实现基于人工智能的全场景风险评估和预警，以及基于 5G 技术的实时通信，提高仓储的安全管理水平。

②研究内容

研发多元信息感知智能监测节点，搭建安全隐患泛在感知监测网络，开发基于大数据与云计算的实时监测与风险感知智能预警平台，建立故障数据资源库和风险模型，并构建故障评估量化指标体系。

③关键技术

基于工业无线传感器网络的三维环境感知技术、基于 5G 的数据传输技术、基于人工智能的危险预警和故障诊断技术、微型智能监测节点技术、无线传感器网络三维感知覆盖算法。

④主要技术指标

温度测量精度 ±0.5℃，湿度测量精度 ±5% RH，监测点数量≥6 000 个，感知覆盖率≥97%，数据传输时延（非占空比工作模式）≤200ms，节点续航时间（低占空比工作模式）≥2 年，危险与故障预警的查全率≥97%、查准率≥95%。

2 分　　拣

2.1　分拣设备

2.1.1　交叉带分拣机

①研究目标

研发适用于不同包裹大小的交叉带分拣机，提高分拣效率，实现分拣作业的自动化和无人化。

②研究内容

研究整机架构设计，主机机械结构设计，PLC 实时控制系统和电控系统以及配套部分（导入台、格口、分拣小车等）的设计与开发。

③关键技术

PLC 控制技术、控制系统间数据交互技术、通信技术、结构设计技术。

④主要技术指标

分拣小车：运行速度≥3m/s，分拣包裹重量≤50kg，分拣差错率≤0.01%，扫码识别准确率≥99.9%，系统噪声≤60dB，分拣效率≥15 000 件/h。

2.1.2 自动细分输送系统

①研究目标

研发适用于分拣中心和末端网点的自动分拣设备、标准货运箱和标准运输车辆。自动分拣设备能够识别不同寄递企业的包裹,加快包裹的分拣效率,并将包裹细分至每位快递员。通过标准货运箱和标准运输车辆精准输送到每位快递员,实现共同配送与联合运输。

②研究内容

研究自动分拣系统、动态称重系统、体积测量系统、标准货运箱、标准运输车辆等。设备具有标准、通用、简易、轻巧、占地面积小的特点,适用于分拣中心和末端网点,将分拣与配送相结合,实现最后一公里的智能化与标准化。

③关键技术

图像识别技术、红外探测技术、重量动态测量技术、体积测量技术、定位导航技术、物联网技术。

④主要技术指标

分拣效率≥5 000 件/h,分拣包裹重量≤20kg,分拣差错率≤0.01%,扫码识别率≥99.9%,工作温度 -20 ~ 55℃。

2.1.3 分拣机器人

①研究目标

研发分拣机器人,实现包裹分拣与搬运一体化作业,为分拣中心提供智能化作业手段。

②研究内容

研究实现机器人的自动控制、自动导航、自动规划路径、自动避障、自动堆放、自动盘驳和精准分拣,实现全自动化流程管理,减少人工作业成本,提高分拣准确率。

③关键技术

自主定位导航技术、自动控制技术、路径规划技术、自主建图技术等。

④主要技术指标

支持全向运动,载重能力≥20kg,运行速度≥1.6m/s,一键启动 AGV 盘驳车响应时间≤5s,充电 80%≤10min,连续作业时间≥4h,信息系统响应时间≤100ms。分拣机器人服务器端延时≤10ms,分拣机器人服务器端端丢包率和基站/AP 空口丢包率≤1%。

2.1.4 分拣机械臂

①研究目标

研究具备高速自动码垛或智能分拣功能的分拣机械臂,对包裹进行高效分拣处理,实现分拣作业的自动化水平,降低人力成本。

②研究内容

研究高速度、高可靠性的多关节分拣机械臂,适应于供件台、分拣格口、传输线等各类场景以及不同品类和规格的货物,实现柔性化和模块化分拣。

③关键技术

机械臂操纵技术、机械臂配套视觉技术、机械臂环境感知技术、人机交互技术、软硬包裹抓取识别技术、基于数据驱动的运动轨迹规划技术、其他机械臂适配技术。

④主要技术指标

自由度4~6,有效负载≥50kg,绝对定位精度≤1mm,运动工作空间≤5m,满载末端最大运行速度≥3m/s,平均工作节拍≤5s,包裹处理效率≥700件/h。

2.2 分拣辅助设备

2.2.1 自动装卸设备

①研究目标

研发自动装卸系统,适用于货物在月台与运输车之间的传输场景。货物通过自动装卸系统进出处理中心或仓库,实现货物在运输车与处理中心或仓库之间的自动传输。

②研究内容

研究自动装卸系统,包括厢式运输车,车上自动装卸装置和月台传送系统,信号采集、自动控制、智能监控装置等。通过设备、车辆之间的协同作业,代替人力和叉车,完成货物的自动装卸和自动传输,提高装卸作业效率。

③关键技术

自动传输技术、液压驱动技术、车辆倒车定位技术、自动测量技术、信号采集及控制技术、智能监控技术。

④主要技术指标

承载能力≥1 500kg/m^2,输送速度≥0.2m/s,工作噪声≤70dB,系统效率≥5 000 件/h,货物破损率≤0.01%。

2.2.2　智能称重量方设备

①研究目标

研发智能称重量方设备,实现邮件快件的自动输送、条码扫描、重量测量、体积复核、运费计算等,对异常包裹进行自动剔除,提升邮件快件处理中心的自动输送和自动测量能力。

②研究内容

研究条码识别、重量检测和体积检测等技术。条码识别技术主要采用线阵或面阵相机进行条码的读取;重量检测技术主要采用静态称或动态称方式;体积检测技术主要采用线阵相机或激光检测方式。

③关键技术

视觉图像识别技术、重量测量技术、体积测量技术。

④主要技术指标

扫描读码率≥99.7%,动态称重精度≤±20g(快件重量≥1kg),静态称重精度≤±5g(快件重量≥1kg),体积测量精度≤±10mm,系统效率≥3 000件/h。

2.2.3 智能单件分离设备

①研究目标

研发智能单件分离系统,实现散件或矩阵末端堆集件的拆堆叠、打散、排队、居中(靠边或分流)功能,使邮件快件满足上自动化分拣设备的条件,提升处理中心的自动化能力。

②研究内容

研究采用图像识别技术与运动控制技术,实现单件排队,并能准确控制队伍间距。

③关键技术

视觉图像识别技术、图像识别算法技术、单件排队运动控制技术。

④主要技术指标

单通道系统效率≥6 000件/h,双通道系统效率≥9 000件/h,分离距离≥500mm,分离成功率≥99%,分离最大重量≥50kg。

2.2.4 智能六面扫描设备

①研究目标

研发智能六面扫描设备,配合分拣等设备,实现货物的任意面扫码,提高分拣效率和准确率,降低人工劳动强度。

②研究内容

研究高性能智能相机、智能读码器和工业光源,实现对包裹的六面扫描,快速识别面单信息并上传信息系统。

③关键技术

光电技术、数字处理技术、图像识别技术、图像传感技术。

④主要技术指标

六面扫描条码读取率≥99.5%。

3 运　　输

3.1 干支线无人机

3.1.1 干线无人机

①研究目标

研发大型干线无人机,适用于长途跨省干线运输场景。无人机采用旋翼或固定翼设计,能源使用油动或油电混合动力,实现快递运输的降本增效。

②研究内容

采用总体布局优化方案及先进气动力设计,使无人机具备大载重、长航时性能;采用总体参数优化设计和无人机滑跑性能分析及测试,实现短距离起降能力;采用光电设备目标定位,结合气象环境影响,计算投放轨迹,实现复杂空域下的精准投放。

③关键技术

全自动货舱装载技术、飞控系统动态航路生成技术、飞控系统动态调参技术、高精度图传技术、地面控制技术和通信技术。

④主要技术指标

最大航程≥15 000km，最大起飞重量≥400t，最大载重≥120t，最大升限≥6km，巡航速度≥900km/h，抗风等级≥8 级。

3.1.2 支线无人机

①研究目标

研发低成本、多场景、智能化的中短途运输投送无人机，适用于省内的支线运输场景，以及特殊的山区、海岛、边防地区的物资运输，满足行业对无人机实现中短途快递运输的需求。

②研究内容

研发支线无人机，重点突破短距离起降、定点空投、飞行控制、导航和电池续航等技术，实现无人机在各类复杂场景下的平稳运行和精准投递。

③关键技术

实时在线建图技术、高精度实时定位技术、自主规划决策技术、基于视觉的动态多目标识别技术、定点着陆技术、全自动化货舱装载技术、飞行控制技术、电池技术等。

④主要技术指标

最大航程≥100km，最大起飞重量 150kg ~ 8.6t，最大载重 100kg ~ 3t，最大升限≥4 000m，巡航速度 100 ~ 900km/h，抗风等级≥7 级。

3.1.3 无人机航电系统

①研究目标

研发无人机航电系统，提升无人机航电系统的可靠性和稳定性，提高无人机应对各种复杂环境的能力。

②研究内容

研究多余度飞控、动力、通信和导航定位系统等，提高无人机在动态环境下对自身和外界的态势感知能力以及飞行控制能力。

③关键技术

电路可靠性技术、冗余选择算法、飞行控制技术、通信技术、高精度定位导航技术。

④主要技术指标

导航子系统：RTK 组合模式位置精度≤2cm，纯惯性导航精度（CEP）≤1nile（10min），姿态（1σ）≤0. 1°，航向（1σ）≤0. 1°。

数据链子系统：远距离图数传功能的距离≥200km，图传速率≥4Mbit/s，传输误码率≤10^{-6}，具有上行直接序列扩频抗干扰能力。

大气模块：指示空速≥25km/h，精度±7. 4km/h；指示空速精度±2km/h（指示空速 105 ~210km/h）；气压高度 H_p 精度±10. 1m（−600m≤H_p≤2 000m）、精度±12. 5m（2 000m≤H_p<4 000m）。

无线高度表:高度 H 范围 0 ~ 300m;精度 ≤ ±0.3m(H 在 0 ~ 20m 时),精度≤2% H(H 在 20 ~ 300m 时)。

航电系统工作温度:-40 ~ 75℃。

3.2 车联网

3.2.1 运输资源实时监控和调度系统

①研究目标

研发运输资源实时监控和调度系统,通过实时对运输资源在整个运输过程的状态进行监控和预警,实现对运输资源的调度更加科学有效,提高资源利用率,降低运营成本。

②研究内容

研发信息获取和传输技术,并结合大数据对运输资源进行监控和管理,为中长期运输资源投入规划和短期资源调度、监控及预警提供有力支撑。

③关键技术

物联网技术、边缘计算技术、网络通信技术、ADAS 技术、RFID 技术、卫星导航技术。

④主要技术指标

状态异常报警时延≤30s,状态异常报警准确率≥90%,状态实时查询应答时间≤20s。

4 末端服务

4.1 末端配送无人机

4.1.1 无人机

①研究目标

研发末端配送无人机,无人机采用旋翼或固定翼设计,能源使用油动、电动或油电混合动力,实现系统之间信息实时交互、配送运行安全、物品可追溯,提升末端配送效率,降低人工成本。

②研究内容

通过研究气动外形设计、电池管理技术、货物搭载方式和飞控技术,研发断桨保护、前下视避障、自主应急迫降和伞降等功能,实现从站点或前置仓到客户的无缝衔接,以及无人机配送同其他服务流程的自动对接。

③关键技术

无人机定位技术、飞行控制技术、无线通信遥控技术、图像回传技术、邮件快件自动接驳技术、机载视觉辅助降落技术、多冗余电池技术、单动力失效保护技术等。

④主要技术指标

最大航程≤100km，最大起飞重量≤150kg，最大载重≤100kg，巡航速度≤100km/h，最大飞行高度（海拔1 000m）≥300m，抗风等级≥7级。

4.1.2 无人机与智能快件箱接驳系统

①研究目标

研发部署末端无人机快递接驳平台，具备无人机起落、包裹装卸、电池更换和充电等功能，使无人机配送真正实现自动化和无人化。

②研究内容

研发配套齐全的无人机起降场，使其能够辅助无人机自动精准降落，完成包裹的自动装卸和电池的自动充电；研发货仓内部流转系统，使其能够自动分配包裹到柜体内部的存储位；研发面向用户的自助收寄、包裹自动检测和运单自动生成系统，实现收寄自动化。

③关键技术

无人机精准降落技术、货仓内部流转技术、无人机定位技术、飞行控制技术、无线通信遥控和图像回传技术、快件自动接驳技术、机载视觉辅助降落技术、多冗余电池技术、单动力失效保护技术等。

④主要技术指标

无人机悬停至降落完成时间≤10s，无人机停稳后包裹自动装卸时间≤15s/件,支持多无人机同步起降作业。快件箱最大储货体积≥1m^3,可储存货物重量≥300kg。

4.1.3 可自主换电换货的地面站

①研究目标

研发供无人机起降的地面平台,具备可自主完成对无人机的货物装卸、加油充电和电池装卸,并提供电池的存放、货物的存放和用户的存取货等功能。

②研究内容

研究可自主换电换货的地面站,实现无人机自动更换电池和电池的转运、存放、充电等操作,以及货箱的自动装卸、储存和转运等操作,并通过监控系统对地面站进行监视和远程控制。

③关键技术

5G 全网移动通信技术、无人机精准二次定位技术、无人机电池自动更换技术、电池和货箱转运技术。

④主要技术指标

工作温度 -20 ~ 55℃,具备防暴雨和防雷电能力。

4.2 末端配送无人车

4.2.1 室外无人车

①研究目标

研发自动驾驶技术及无人车配套硬件,以末端配送业务为核心,解决末端配送等候时间长、多班次传站以及客户隐私保护等问题,减少人工作业,实现末端配送的无人化和智能化。研发机器人安全防护系统,防止机器人受外界攻击,影响正常生产与人身安全。

②研究内容

研发无人车自动驾驶、人机交互、系统调度等技术,实现无人车自主行驶、地图创建、路径规划、避障行车、信号灯识别等功能;研发无人车在通过路口、停靠站点和行驶途中的实时交互和多方式取件,以及后台监控人员实时通过语音和视频方式远程介入等功能,推动无人车在末端配送中的应用。研发机器人安全防护系统,包含机器人的操作系统、网络接口、配置管理和部件的安全防护技术等。

③关键技术

深度学习、高精度定位、机器人安全防护技术、多传感器融合感知、机器人障碍物感知、自主避障、自主规划决策、全链路数据仿真、自建地图等技术。

④主要技术指标

满载时最大爬行坡度≥20%,最高运营速度≥30km/h,续航≥50km,承载重量≥80kg,电池电量≥50AH,最小转弯直径≤2 000mm,紧急制动距离≤300mm,通信方式:WiFi、5G、遥控器,工作温度-20~55℃。

4.2.2 室内无人车

①研究目标

研发室内无人车,适用于小区和楼宇内部的配送场景,实现无人车自动行走、自主上下楼梯、自动规划线路、自行避障等功能,同时为客户提供引路、货物运送等服务。研发机器人安全防护系统,防止机器人受外界攻击,影响正常生产与人身安全。

②研究内容

研发无人车自主路径规划、自主定位、障碍物自动检测和基于5G的多车调度等系统,实现无人车主动避障、自主呼叫电梯、智能语音通信、快捷配送等功能;无人车采用新能源,减少环境污染。研发机器人安全防护系统,包含机器人操作系统、网络接口、配置管理和部件的安全防护技术等。

③关键技术

地图构建技术,实时定位技术,机器人安全防护技术,机器人导航规划技术,路径和速度规划技术,语音识别、人脸识别等多种人机交互技术。

④主要技术指标

机器人定位及控制精度≤10cm,机器人可通行宽度≥机器人直径+20cm,机器人底盘越障能力≥1.5cm,机器人运行速度≥0.8m/s;电池电量≥30AH,续航时间≥10h,自主充电一次准确率≥90%,满载时最大爬行坡度≥20%,紧急制动距离≤200mm,承载重量≥80kg,通信方式:WiFi、5G、遥控器,工作温度-20~55℃。

4.3 手持终端

①研究目标

研发便捷、高效、低成本的手持终端,提供功能齐备、安全可靠的终端设备,提高作业效率,降低劳动强度。

②研究内容

研究终端嵌入式操作系统、无线通信、外形结构设计、屏幕超宽视角显示、电池续航、电池充电和终端防尘防水防摔等。

③关键技术

卫星定位技术、通信技术、自动识别技术、高性能电池技术。

④主要技术指标

支持5G全网通移动通信,支持一维、二维条码扫描,具备蓝牙、WiFi、RFID、NFC、卫星定位、2 000万像素以上高清摄像功能,支持身份证和人脸识别,OCR识别准确率≥99%,支持终端丢失找回,工作温度-20~55℃,IP65防护等级,支持1.2m六面八角各2次跌落,配备重力感应、光线感应、距离感应和陀螺仪等传感器。

4.4 可穿戴式 AR 智能眼镜

①研究目标

研发 AR 智能眼镜,将 5G 技术、人工智能技术与智能装备相结合,实现人机交互和信息的及时处理,在降低单个智能眼镜的成本和重量的同时提高眼镜的算力和能力、提升作业的准确性和便捷性。

②研究内容

研发可穿戴式 AR 智能眼镜,以操作人员视角采集影像并进行分析处理,实现面单信息的自动识别与提取,同时呈现在操作人员的自然视野内。研发离线语音识别和语音合成技术,实现语音命令控制和语音播报,作为视觉呈现的有效补充,实现及时、准确、便捷的人机交互和信息处理。

③关键技术

5G 技术、人机交互技术、智能识别技术、增强现实技术、人工智能技术、深度学习技术、机器视觉技术、离线语音技术。

④主要技术指标

AR 智能眼镜头戴设备重量≤150g,条码识别率≥99.9%,图像扫码识别响应时间≤1.5s,待机时间≥48h。

4.5 智能信包箱(智能快件箱)

①研究目标

研发覆盖邮递员、快递员和用户的零等待、零距离、无接触的自助寄取设备,将寄取件流程集于一体,实现方便、快捷与高效的寄取服务。

②研究内容

研究智能信包箱,具备自动称重、实名认证、面单自动打印、语音提示等寄件功能,具备取件码、扫码、人脸识别等多种取件方式,实现安全便捷的寄件和取件服务。

③关键技术

物联网技术、人脸识别技术、自动打印技术、寄件实名认证技术、智能语音技术、节能环保技术、环境识别技术、机械控制技术。

④主要技术指标

设备故障率≤0.05%,认证核验成功率≥99%,开箱验视图片识别准确率≥99%,取件响应时间≤0.5s。

4.6 智慧驿站

①研究目标

研发智慧驿站,实现远程巡查、安防监控、货物追溯和实名收寄等功能。研发包裹智能存取和信息控制系统，提高驿站包裹存储量，加快包裹存取与寻找速度，保障寄递安全与快捷。研发智慧驿站公共资源信息平台，实现不同智慧驿站的资源共享，减少驿站的重复建设与应用壁垒。

②研究内容

研发智慧驿站，包括智能存取设备、人脸识别设备、智能面单读取设备、认证核验比对终端、安防监控摄像头、消防、管理系统等技术设备，并通过云服务为全国站点和驿站提供智能化的应用服务。

③关键技术

人工智能技术、物联网技术、大数据技术、人脸识别技术、云计算、温控感知技术、人机交互技术。

④主要技术指标

图像扫码识别响应时间≤1.5s，认证核验成功率≥99%。自动存储包裹数量≥60件/m^2，仓储存取速度≥2件/s。智慧驿站公共资源信息平台同时在线用户数≥50 000，同一时间执行操作的用户数（并发数）≥8 000；事务处理量（TPS）≥5 000/s，平均响应时间≤200ms，请求成功率≥99.9%。

5　新型基础设施

5.1　寄递地址编码系统

①研究目标

研发最小编码单元精确至房间的统一寄递地址编码规则，作为社会公共基础资源提供给不同寄递企业、不同用户使用。将寄递地址编码系统与人工智能技术相结合，实现智能分单。提高寄递企业分拣效率和用户便利程度，促进末端共同配送，提升用户隐私保护能力。

②研究内容

建立标准地址与编码数据库，研发标准寄递地址公共信息服务平台，以及面向用户的寄递地址公共信息服务系统，实现寄递地址查询、电子地图定位导航、个人寄递地址管理、智能分单等服务。

③关键技术

人工智能技术、个人信息防护技术、大数据技术。

④主要技术指标

建立可匹配至房间的标准寄递地址与编码数据库；单台服务器支持并发接入终端数≥3 000 个；支持并发应用请

求≥5 000 个/s；支持结构化、非结构化数据 PB 级存储；管理用户同时在线和并发访问数≥100 个；分单等待时间≤1s，分单准确率≥99%。

5.2 寄递地图

①研究目标

研发邮政行业专属地图，从数据层面和应用层面上对地图做深度定制和开发，提供完善的寄递地图解决方案，有效提升揽派效率和精准性，让寄递作业变得有迹可循。

②研究内容

研究精度更高、数据维度更多的寄递地图，寄递地图精度能达到厘米级别。地图具备道路形状、坡度、曲率、车道线类型、宽度等常规数据，还包括高架物体、防护栏、道路边缘类型以及路标等目标数据。

③关键技术

地图生产技术、地图实时更新技术、深度学习技术、大数据技术、云计算技术、个人信息防护技术、定位导航和路径优化等技术。

④主要技术指标

地图更新：永久静态数据更新频率≤1 个月，半永久静态数据更新频率≤1h，半动态数据更新频率≤1min，动态数据更新频率≤1s；地图精度 10 ~ 20cm。

5.3 寄递数据管理和服务平台

①研究目标

研发寄递数据管理和服务平台，推动邮政、铁路、民航等行业信息共享交换，提高政务数据管理和利用能力。

②研究内容

研究行业基础数据标准化，采集寄递服务、运行、监管等数据元，实现邮政行业与交通运输、安全监管、应急管理等政府部门的数据共享交换；通过数据融合，智能分析挖掘数据要素价值，为政府、企业、机构和社会公众提供专业服务，加速开展数据融合共享和增值服务。

③关键技术

大数据挖掘技术、个人信息防护技术、人工智能技术。

④主要技术指标

同时在线用户数≥20 000，同一时间执行操作的用户数（并发数）≥3 000；事务处理量（TPS）≥2 000/s，平均响应时间≤500ms，请求成功率≥99.9%。

5.4 跨境通关平台

①研究目标

研发跨境通关平台，解决邮件快件跨境电子商务中的通关、结汇、退税、产品安全及征信等问题，提供更加高效便捷的跨境通关服务。

②研究内容

打通海关、电子口岸、监管仓储的数据交换接口，实现数据的交互汇总；打通海外仓、海外物流、境内监管仓，实现海外物流网络与全国物流网络的联通；打通第三方支付企业、银行等金融机构接口，实现人民币跨境支付、在线购付和在线结汇等金融服务。

③关键技术

图片文字解析技术、客户端加密技术。

④主要技术指标

货物申报时间≤0.5h，出区申报时间≤2h，实时查看系统日志延迟≤5s，统计数据延迟≤5min，税单解析100单≤6min。

5.5 应急物资管理平台

①研究目标

研发应急物资管理平台，应对疫情、地震、洪水等突发灾害，实现救灾物资接收、存储、输送与派送的高效便捷，提升邮政行业应对灾害的反应和保障能力。

②研究内容

研究物资入库、物资申请、物资派送、物资统计和定向审批等功能,将政府部门、生产企业、捐赠者和灾区等连接,实现物资的高效收派与追踪,提高邮政行业应急反应和保障能力。

③关键技术

大数据技术、云计算技术、区块链技术。

④主要技术指标

同时在线用户数≥50 000,同一时间执行操作的用户数(并发数)≥4 000;事务处理量(TPS)≥3 000/s,平均响应时间≤200ms,请求成功率≥99.99%。

6 运营管理系统

6.1 智能园区系统

6.1.1 园区智能化管控

①研究目标

实现邮政快递园区内车辆、包裹、人员和能源的智能化管控,提升园区运作效率。

②研究内容

智能车辆管理:依托5G技术实现车辆入园路径自动计算、路径导引、最优车位匹配、车牌识别,实现无人重型卡车、无人轻型货车、无人巡检机器人调度行驶。

智能人员管理:通过人脸识别系统实现员工出入管理,通过电子围栏实现区域人员权限控制,并对园区人员进行行为分析和动线分析。

智能包裹管理:提供包裹位置全程追踪,以及出入库、粗分、细分等关键实操节点的视频画面快速提取回溯。

智能能源管理:基于IoT平台提供能耗计量,为用户提供可视化的数据展示和智能化的策略建议。

③关键技术

物联网技术、5G技术、人脸识别技术、无人驾驶技术、视觉分析技术。

④主要技术指标

LPWAN传感器终端低速带宽传输≤100kbit/s,电池供电使用寿命3~5年,覆盖范围3~15km。

6.1.2 园区无人化安防

①研究目标

研发无人化安防系统,实现邮政快递园区的全域实时监测、无人化巡检以及异常情况的自动识别,提升园区监控能力。

②研究内容

研发基于5G的园区内高清视频拍摄、回传和展示,实现全域视频监控;研发基于5G和无人机、无人车的自动巡检;结合图像、视频分析算法模型,识别园区内人员、障碍物等异常情况,并主动推送给管理人员处理。

③关键技术

自动识别技术、5G技术、物联网技术、智能监测预警技术。

④主要技术指标

事件预警响应时长≤1min,事件历史回溯时长≥30天,查询到响应时长≤1s,异常识别报警时长≤30s;机器人巡航速度≥1m/s,遥控速度≥0.6m/s,续航能力≥10h,上下坡度≥10°。

6.1.3 仓内数字化生产

①研究目标

实现仓内货物、设备和人员的智能协作以及生产的可视化,提升邮政快递园区的生产效率。

②研究内容

智能作业协同:通过自动识别仓内商品实物体积,匹配最合理车辆,提升满载率;实现仓内所有智能设备的互联互通、统筹调度和定位跟踪;实时动态调整排班,提供月台停靠引导和收货提醒服务。

生产状态可视化:基于2D或3D空间建模技术,对生产场地、设备运行状态、人效产出信息和要素进行数字化和可视化管理。

③关键技术

5G技术、AI分析集群技术、视觉感知技术、人脸识别技术、空间建模技术、人员定位技术、IoT边缘计算技术、深度学习技术、智能监测技术。

④主要技术指标

同时采集图像张数≥10万张,实时图像采集延迟≤3s,每张图像AI分析时间≤1s,同时分析图像张数≥10 000张,事件预警延迟≤10s。至少支持同时启动10个场景,每个场景 10 种模式,每种模式 1 000 个点位。单平台支持≥200 万路视频接入,支持≥10 万个边缘设备接入,支持≥20 万路视频同时转发。

6.2 智能语音申投诉系统

①研究目标

研发智能语音申投诉系统,降低客服人员工作压力,提高处理效率,提升客户体验。

②研究内容

在线客服机器人:能够与用户实现多轮对话,为不同类型用户自动画像,准确感知用户情绪,精准判别用户意图,提供个性化应答,真正解决用户问题。

语音客服机器人:具备语音应答(自动转接)和语音外呼(自动呼出)能力,以拟人化的语音交互为用户提供服务。

智能调度:实现用户咨询和服务资源之间的最优调度,降低用户等待时长,提升用户体验,优化客服中心的人员利用率。

③关键技术

AI 技术、文本和语音转换技术、自然语言处理技术、个人信息防护技术、语言数据模型增强技术、智能决策技术。

④主要技术指标

支持移动电话和固定电话呼入和多用户同时访问,同客户进行不同场景的自由对话。系统响应时间≤2s,后台客服响应时间≤2s(双方消息机制响应时间),语义理解正确率≥95%,语音识别准确率≥97%。

6.3 智能投递区域规划系统

①研究目标

研发智能投递区域规划系统,平衡各投递区域业务量,使网点规划更加合理;建设投递区域公共资源信息平台,实现末端共配、资源共享,节约人力成本。

②研究内容

基于对投递区域配送现状的研究和分析,采用聚类算法实现投递区域的业务量均衡,并通过积木化、网格化、GIS化的线上可视化操作,有效提升网点工作效率,促进末端配送资源的优化配置。

③关键技术

聚类算法、全国网格GIS技术、自动规划技术。

④主要技术指标

单台服务器支持并发接入终端数≥3 000个,支持并发应用请求≥4 000个/s,事务处理量(TPS)≥1 000/s,响应时间≤800ms。

6.4　智能选址系统

①研究目标

研发仓储、分拣和网点选址系统，促进网络选址的智能化，并对人效产能进行科学分析，实现寄递网络的成本最优和精细化运营。

②研究内容

深入分析配送网络的单量密度、运输成本、配送成本、固定成本和时效要求，在保证配送时效和服务质量的前提下，实现配送网络的科学合理布局。

③关键技术

大数据技术、运筹学算法、GIS 技术、数据挖掘技术。

④主要技术指标

单台服务器选址数量≥500 个，响应时间≤700ms。

7 绿色环保

7.1 可循环包装

7.1.1 循环周转袋

①研究目标

研发循环周转袋,减少一次性编织袋的使用,节约企业运营成本,减少环境污染和资源浪费。

②研究内容

研发材料复合工艺,实现循环周转袋多次重复使用,采用RFID 技术实时收集周转袋中转、流向信息,实现全程可追踪。

③关键技术

可循环包装材料技术、RFID 技术。

④主要技术指标

循环使用次数≥50 次,其他性能应达到或高于现行《快件集装容器 第 2 部分:集装袋》(YZ/T 0167)的要求。

7.1.2 循环箱

①研究目标

研发新型循环箱,结合 RFID 技术和加密技术,实现对循环箱的追踪溯源和循环使用,节约成本,减少环境污染。

②研究内容

研发可多次循环利用的新型包装材料、信息加密技术,实现操作简易方便、减少胶带使用、结构设计可追溯和保护客户隐私等目的。

③关键技术

RFID 技术、非对称加密和授权技术、区块链技术。

④主要技术指标

材料具备无毒、无味、防水、耐腐蚀、耐热、耐酸碱、表面刚度高、不易开裂、可识别等特性,循环使用次数≥150 次,循环箱回收率≥95%。

7.1.3 循环周转系统

①研究目标

实现循环包装回收利用,减少一次性包装的使用,增强可循环包装在线管理能力,节约寄递成本,减少环境污染和资源浪费。

②研究内容

研发循环周转系统,包括末端回收设备、回收信息系统、消毒系统、包装材料等,实现商家、用户和寄递企业的无缝连接,保证循环包装多次重复使用,实现包装运输全程的可追溯。

③关键技术

IoT 技术、可循环包装材料技术、在线可变条码制袋技术、合成热敏纸技术。

④主要技术指标

单台服务器支持并发接入终端数≥2 000 个,支持并发应用请求≥5 000 个/s,事务处理量(TPS)≥1 500/s,响应时间≤600ms,可靠性≥99.9%。

7.2 可降解包装

①研究目标

研发采用无机物 + 添加剂或有机物 + PLA + 玉米淀粉等材料制成的可降解包装,使其在自然条件下被生物降解成二氧化碳和水等,不产生危害物质。

②研究内容

研究生产成本低、生产工艺简单、可批量化生产、具备行业内大规模推广潜质的环保材料。

③关键技术

吹膜技术、制袋技术、降解技术。

④主要技术指标

产品性能达到或高于现行《全生物降解物流快递运输与投递用包装塑料膜、袋》(GB/T 38727)与现行《降解塑料的定义、分类、标志和降解性能要求》(GB/T 20197)的相关规定。

8 冷 链 生 鲜

8.1 冷链保温箱

①研究目标

研发适用于生鲜类产品寄递的可循环冷链保温箱和冷媒技术，减少一次性泡沫箱的使用，减少寄递物品损耗，推动冷链服务健康发展。

②研究内容

研发冷链保温箱和冷媒。保温箱采用先进的隔热材料，具有抗冲击、抗压、防尘防水、容易清洗和成本低等特点；冷媒无毒无味、绿色环保，保证在寄递途中生鲜类物品的储存运输。

③关键技术

防水抗压技术、冷媒技术、保温技术。

④主要技术指标

温控时长≥120h，可循环使用次数≥60 次，达到或高于现行《冷链寄递保温箱技术要求》(YZ/T 0174)的相关规定。

8.2 智能生鲜自提柜

①研究目标

研发采用AIoT与制冷技术的智能生鲜自提柜，兼具冷藏、冷冻和保温功能，能够快速制冷与在线调温，弥补寄递末端冷藏存储设施的不足，减少生鲜物品损耗，实现生鲜产品全链条冷链配送。

②研究内容

研发智能生鲜自提柜，采用高性能压缩机，实现快速制冷、整体发泡、快速隔温；采用物联网控制技术，实现设备的远程管理，在线调温，远程通信和数码门锁自动开启；支持刷卡、密码、微信及App远程开柜等多种开柜方式。

③关键技术

AIoT技术、制冷技术、人脸识别技术、智能语音技术。

④主要技术指标

通信方式：5G全网移动通信、有线网络和WiFi。储物格内胆耐腐蚀、抗冲击、易清洗。冷冻产品适用温度-18℃及以下，冷藏产品适用温度0～10℃，其他控温产品适用温度10～30℃。

8.3 冷藏车

①研究目标

研发高性能冷藏车，防止货物在运输过程中受到外界温度、湿度等条件影响而发生腐烂变质，提高货物运输的安全性，减少货物损耗和环境污染。

②研究内容

研发具备隔热结构的冷藏车厢、制冷装置和车厢内温度记录仪，保障生鲜冷藏商品在配送的全流程实现恒温运输，降低物品的腐损率；冷藏车宜采用新能源，减少环境污染。

③关键技术

复合厢板热压成型技术、制冷技术、车内温度实时监控技术、保温技术。

④主要技术指标

隔热材料：导热系数≤0.024W/(m·K)(25℃)，软化系数≥0.85。

淋雨试验：降雨强度5～7mm/min(30min)。

静态调温性能：在给定外温-40～70℃内保持额定内温的功能。

8.4 冷链温控系统

①研究目标

研发冷链温控系统，能够对接主流温控设备，实现温度数据实时上传与监控，保证货物在运输过程中的质量与安全。

②研究内容

研发温控系统与温控硬件，实现温控数据的实时记录，通过手持终端和电子围栏等技术，实现温控数据的汇集和温湿度全程监控。

③关键技术

自动识别技术、电子围栏技术、数据集成技术。

④主要技术指标

温控数据自动拼接可靠性≥99.9%。

9 安　　全

9.1　寄递安全

9.1.1　智能视频监控系统

①研究目标

通过视频图像智能识别，实现对营业场所、分拨中心和运输车辆的违规行为、安全隐患的自动检测、及时报警和智能监控，达到"问题能发现、隐患能排除、事故能减少、监管能提效"的目的。

②研究内容

研发智能视频监控系统，包括智能算法调度平台、智能算法训练平台、智能视频分析平台、智能视频边缘硬件等技术和装备，实现仓储、运输、收揽、配送全流程视频信息的智能监控。

③关键技术

人工智能技术、5G 技术、深度学习技术。

④主要技术指标

识别准确率≥90%，响应时间≤1.5s。

9.1.2　智能安检系统

①研究目标

研发具备无人值守、快速检测、智能识别、自动判图、自动报警、自动筛选等功能于一体的高速智能安检机以及手持便携式小型毒品和爆炸物检测仪等安检设备，实现对寄递物品高效、无损、智能的检测和管理，全面提升安全检测能力，保障行业高效安全运行。

②研究内容

研发智能安检系统，通过大数据平台实现多模态数据的有机整合，对多模态数据进行挖掘分析，突破智能检测技术瓶颈，实现高速检测和高速数据处理。

③关键技术

数字图像处理技术、云计算技术、大数据技术、无损智能检测技术、深度学习技术、智能图像识别技术。

④主要技术指标

能够对《禁止寄递物品指导目录》规定的违禁品进行智能检测，达到或高于邮政行业或国家标准中规定的各项指标要求。

9.2 信息安全

9.2.1 基于区块链的防伪溯源平台

①研究目标

将区块链、大数据和人工智能等技术与供应链相结合，发挥寄递渠道优势，实现对农产品、药品和贵重物品等在寄递各环节的安全追溯。

②研究内容

基于区块链建立产品防伪溯源平台，实现寄递物品生产、加工、销售、仓储和配送等全部环节被永久性、去中心化地记录，提升物品安全管控能力。

③关键技术

区块链技术、大数据技术、人工智能技术。

④主要技术指标

防伪溯源系统：同时在线用户数≥20 000，同一时间执行操作的用户数(并发数)≥1 000。

溯源接口指标：在满足主流的共识算法条件下从单条链上读取数据大小在1K内的交易，事务处理量(TPS)≥1 000/s，单笔交易从发起到数据出块的平均响应时间≤1 000ms、请求成功率≥99.9%。

服务器资源利用率：CPU占用率1%~80%，内存占用率20%~80%。

共识节点：在相同的查询条件、不同的节点查询时，查询结果一致性100%。

9.2.2 基于区块链的信用平台

①研究目标

将区块链技术与邮政快递企业、个人征信相结合，利用非对称加密算法加强对征信过程中信息采集、储存、处理和利用的保护。

②研究内容

将个人与企业的身份、行为以及执法检查、消费者申诉、信访举报等信息上传至信用评价系统，监管机构、社会其他主体基于区块链上信息进行信息通报、信用惩戒、主体评价、信息公开共享等。利用分布式记账、非对称加密、共识机制等技术确保上链信息更加完整、真实、可信。

③关键技术

区块链技术、大数据技术、人工智能技术。

④主要技术指标

同时在线用户数≥50 000，同一时间执行操作的用户数（并发数）≥2 000；事务处理量（TPS）≥1 000/s，平均响应时间≤800ms，请求成功率≥99.9%。

9.2.3 基于生物识别技术的数字认证服务平台

①研究目标

基于密码技术及生物识别技术，建立生物识别数字认证服务平台，实现用户端身份鉴别、活体检测、人脸识别、数字签名等功能，保障登录人员身份真实可靠，保障重要数据真实、完整、抗抵赖。

②研究内容

研发基于生物识别技术与可靠身份鉴别、可靠电子签名技术相结合的数字认证服务平台，与现有的数字证书服务体系、密钥体系整合，实现对寄递用户仅需经过一次可信身份鉴别与数字证书认证就可在后续的使用中完成认证登录及电子签名的操作，提供高效、智能、便捷的数字认证服务。

③关键技术

生物识别技术、可靠电子签名技术、基于权威数据源的可靠身份鉴别服务技术。

④主要技术指标

生物识别认证支持并发用户数≥25 人/s，SM2 数字签名能力≥4 300 次/s，SM2 数字签名验证能力≥3 200 次/s。

附录一　缩　略　语

ADAS	Advanced Driving Assistant System	高级驾驶辅助系统
AGV	Automated Guided Vehicle	自动导引运输车/无人搬运车
AI	Artificial Intelligence	人工智能
AIoT	Artificial Intelligence & Internet of Things	人工智能物联网
AP	Access Point	访问接入点
App	Application	应用程序
AR	Augmented Reality	增强现实
CEP	Circular Error Probable	圆概率误差
CPU	Central Processing Unit / Processor	中央处理器
GIS	Geographic Information System	地理信息系统
IP65	Ingress Protection 65	国际认定防护等级,第一标记数字表示接触保护和外来物保护等级,第二标记数字表示防水保护等级
IoT	Internet of Things	物联网
LPWAN	Low-Power Wide-Area Network	低功耗广域网络
NFC	Near Field Communication	近距离无线通信技术
OCR	Optical Character Recognition	光学字符识别
PlC	Programmable Logic Controller	可编程逻辑控制器
PLA	Polylactic Acid	聚乳酸
RFID	Radio Frequency Identification	射频识别技术

RH	Relative Humidity	相对湿度
RTK	Real-Time Kinematic	载波相位差分技术
SLAM	Simultaneous Localization and Mapping	即时定位与地图构建
TPS	Transaction Processing Systems	事务处理系统

附录二　科技研发分工表

大类	类　别	项目名称	备注
1　仓储	1.1　仓储机器人	1.1.1　穿梭车立体存储货到人系统	
		1.1.2　AGV 货到人拣选系统	
		1.1.3　AGV 协同搬运系统	
		1.1.4　智能叉车	
	1.2　托盘自动交换系统		
	1.3　环境监测与预警设备		
2　分拣	2.1　分拣设备	2.1.1　交叉带分拣机	
		2.1.2　自动细分输送系统	
		2.1.3　分拣机器人	
		2.1.4　分拣机械臂	
	2.2　分拣辅助设备	2.2.1　自动装卸设备	
		2.2.2　智能称重量方设备	
		2.2.3　智能单件分离设备	
		2.2.4　智能六面扫描设备	
3　运输	3.1　干支线无人机	3.1.1　干线无人机	
		3.1.2　支线无人机	
		3.1.3　无人机航电系统	
	3.2　车联网	3.2.1　运输资源实时监控和调度系统	

续上表

大类	类别	项目名称	备注
4 末端服务	4.1 末端配送无人机	4.1.1 无人机	
		4.1.2 无人机与智能快件箱接驳系统	
		4.1.3 可自主换电换货的地面站	
	4.2 末端配送无人车	4.2.1 室外无人车	
		4.2.2 室内无人车	
	4.3 手持终端		
	4.4 可穿戴式AR智能眼镜		
	4.5 智能信包箱(智能快件箱)		
	4.6 智慧驿站		
5 新型基础设施	5.1 寄递地址编码系统		*
	5.2 寄递地图		*
	5.3 寄递数据管理和服务平台		*
	5.4 跨境通关平台		*
	5.5 应急物资管理平台		*
6 运营管理系统	6.1 智能园区系统	6.1.1 园区智能化管控	
		6.1.2 园区无人化安防	
		6.1.3 仓内数字化生产	
	6.2 智能语音申投诉系统		*
	6.3 智能投递区域规划系统		
	6.4 智能选址系统		
7 绿色环保	7.1 可循环包装	7.1.1 循环周转袋	
		7.1.2 循环箱	
		7.1.3 循环周转系统	
	7.2 可降解包装		

续上表

大类	类　别	项目名称	备注
8　冷链生鲜	8.1　冷链保温箱		
	8.2　智能生鲜自提柜		
	8.3　冷藏车		
	8.4　冷链温控系统		
9　安全	9.1　寄递安全	9.1.1　智能视频监控系统	*
		9.1.2　智能安检系统	*
	9.2　信息安全	9.2.1　基于区块链的防伪溯源平台	*
		9.2.2　基于区块链的信用系统	*
		9.2.3　基于生物识别技术的数字认证服务平台	*

注:标“*”为政府主导项目,其他为企业牵头研发项目。

参 考 文 献

［1］中华人民共和国国务院. 国家中长期科学和技术发展规划纲要(2006—2020 年)[EB/OL]. (2006-02-09). http://www.gov.cn/jrzg/2006-02/09/content_183787.htm.

［2］国务院办公厅. 国务院办公厅关于印发科技领域中央与地方财政事权和支出责任划分改革方案的通知(国办发〔2019〕26 号)[EB/OL]. (2019-05-31). http://www.gov.cn/zhengce/content/2019-05/31/content_5396370.htm.

［3］国务院办公厅. 国务院办公厅关于抓好赋予科研机构和人员更大自主权有关文件贯彻落实工作的通知(国办发〔2018〕127 号)[EB/OL]. (2018-12-26). http://www.gov.cn/gongbao/content/2019/content_5358679.htm.

［4］工业和信息化部. 工业和信息化部关于印发《产业关键共性技术发展指南(2017 年)》的通知(工信部科〔2017〕251 号)[EB/OL]. (2017-10-30). https://www.miit.gov.cn/zwgk/zcwj/wjfb/zh/art/2020/art_ea0c261a60564111a11ecabecf60030a.html.

［5］科学技术部. 关于对国家重点研发计划高新领域"综合交通运输与智能交通"等 5 个重点专项 2020 年度项目申报指南建议征求意见的通知[EB/OL]. (2019-10-10). https://service.most.gov.cn/kjjh_tztg_all/20191010/3079.html.

［6］国家邮政局. 2019 年邮政业科技创新工作会议在深召开[EB/OL]. (2019-09-09). http://www.gov.cn/xinwen/2019-09/09/content_5428582.htm.

［7］国家邮政局. 国家邮政局关于促进邮政行业科技创新工作的指导意见(国邮发〔2016〕101 号)[EB/OL]. (2016-11-10). http://www.spb.gov.cn/

zcfg/flfgjzc/201611/t20161110_906018. html .

[8] 国家邮政局. 冷链快递服务:YZ/T 0162—2017[S]. 北京:人民交通出版社股份有限公司, 2018.

[9] 国家市场监督管理总局,国家标准化管理委员会. 全生物降解物流快递运输与投递用包装塑料膜、袋:GB/T 38727—2020[S]. 北京:中国标准出版社,2020.